Libro de cocina de parrilla

50 recetas y técnicas

Isabella Herrero

Reservados todos los derechos.

Descargo de responsabilidad

Tabla de contenido

CAPÍTULO TRES

Carne de vaca

CONCLUSIÓN

INTRODUCCIÓN

si disfruta de una buena barbacoa de vez en cuando, se lo está perdiendo si no está con Traeger. Después de todo, Traeger's son parrillas de leña. Al final del día, la madera y el propano siempre ganan. El sabor de cocinar su carne en un fuego de leña o carbón le da es superior a cualquier otra cosa. Cocinar su carne en madera le da un sabor excelente.

Con cualquier otra parrilla de pellets, tendrá que monitorear constantemente el fuego para evitar brotes, lo que hace que sea un dolor de cabeza cuidar a los niños.Sin embargo, Traeger tiene tecnología incorporada para garantizar que los pellets se alimenten con regularidad. Para ver qué tan caliente está la parrilla, mide y agrega o quita leña a / pellets para controlar la temperatura Naturalmente, una parrilla Traeger tiene una perilla de control de temperatura fácil de usar

Puede elegir desde parrillas baratas hasta parrillas caras de Traeger. Elija uno entre 19,500 BTU o

36,000 BTU. Todo también es posible. El rendimiento de la parrilla varía con la intensidad de la parrilla.

No son solo parrillas. También son mezcladores. Toda la zona de cocción está oscurecida por campanas que se pueden bajar. El calor entra en el área de cocción Es probable que el aire caliente y el humo se distribuyan uniformemente mientras los alimentos se cocinan en la olla debido a esto.

Además, las parrillas Traeger también son un horno de convección. En términos generales, los de Traeger son bastante indulgentes. Solo para ilustrar ... puedes usar un Traeger para cocinar un bistec, así como una pizza. Aún más.

También usa menos energía. La configuración inicial requiere 300 vatios. pero solo el comienzo del proceso. Después de eso, la bombilla consume solo 50 vatios de potencia.

¿Qué es la barbacoa? ¿Fumar o asar a la parrilla?

Si y no. Aunque el uso más común del término "barbacoa" describe la parrilla del patio trasero, algunas personas tienen una definición diferente del término. La barbacoa se puede dividir en dos categorías: caliente y rápida y baja y lenta.

Asar a la parrilla generalmente utiliza un calor directo que oscila entre 300 y 500 grados. Hace un gran trabajo con bistec, pollo, chuletas y pescado. Mientras la comida se cocinará, debes vigilarla de cerca para evitar que se queme. No adquiere un sabor menos ahumado. Sobre todo, esta es una forma sencilla y agradable de cocinar; tiene mucho tiempo para pasar el rato con sus amigos y familiares durante la parrillada.

Es lento y lento. El calor y las temperaturas indirectas en un ahumador suelen oscilar entre 200 y 275. Si alguna vez has estado en Kansas City, Memphis o Texas, sabes de lo que estoy hablando. Un trozo de carne ahumado a fuego lento y poco ahumado puede tardar entre 2 y 15 horas en desarrollar completamente su sabor natural. Cuando observa una carne ahumada lentamente, el "anillo de humo" rosado significa que la carne ha estado en el ahumador durante mucho tiempo.

Cómo usar madera en los ahumadores de barbacoa

La esencia de una buena barbacoa es la madera. Es lo que le da sabor al plato. La madera fue una vez el único combustible disponible, pero controlar la temperatura y la cantidad de humo que llega a la carne es difícil. La mayoría de la gente usa hoy en día ahumadores de carbón, gas, pellets o eléctricos. La madera se agrega en trozos, gránulos o aserrín, y arde y produce una buena cantidad de humo.

El error más común de los principiantes es ahumar demasiado la carne. Los principiantes deben comenzar con una pequeña cantidad de madera y seguir avanzando. Es un error común pensar que debes remojar la madera antes de instalarla, pero no hace mucha diferencia. La madera no absorbe bien el agua y se evapora rápidamente. Cuando coloca leña empapada sobre carbón vegetal, se enfría y desea mantener la temperatura constante al ahumar carnes.

Dependiendo del tipo de madera que uses, el sabor que obtienes varía. El mejor tipo de madera es la madera seca y no verde. Es importante evitar las maderas que contienen savia como pinos, cedros, abetos, Chipre, abetos o secuoyas al elegir la madera. La savia imparte un sabor desagradable a la carne. Además, nunca se deben usar trozos de madera porque generalmente se tratan con productos químicos. No es buena idea ahumar una barbacoa. Nogal, manzano, aliso y mezquite son algunas de las maderas más populares. El nogal y el mezquite le dan a la carne un sabor poderoso, por lo que es mejor para carnes muy condimentadas como las costillas. La madera de manzana y aliso producen un humo más dulce y ligero que es ideal para carnes que no están demasiado condimentadas, como el pescado y el pollo.

Puede tirar las papas fritas directamente con el carbón en un ahumador de barbacoa de carbón. Los trozos de madera funcionan mejor en parrillas de gas. Si tienes problemas para que los trozos de madera ardan sin llama, trata de envolverlos en papel de aluminio y cortar hendiduras en la parte superior. Coloque los trozos de madera en una bolsa de papel de aluminio sobre las brasas. En unos minutos, la madera debe comenzar a arder. Es fundamental incorporar la madera al proceso de ahumado de la barbacoa lo antes posible. Los embutidos absorben más fácilmente el humo.

Siempre debe pesar la cantidad de madera que coloca. Esto le permite ajustar la cantidad cada vez para lograr el efecto deseado. Dependiendo del grosor de la carne, la cantidad variará. Para las costillas, 8 onzas para pechuga y puerco desmenuzado, y 2 onzas para pollo, pavo y pescado, use aproximadamente 4 onzas de madera.

Si la madera comienza a arder o hay un humo de barbacoa prolongado, es posible que deba ser creativo. Para aislar aún más la madera, colóquela en una sartén de hierro sobre las brasas. Para los humos de barbacoa más prolongados, también puede hacer una bomba de humo. Llene una bandeja de aluminio con suficiente agua para cubrir las astillas de madera y la otra con suficiente agua para cubrir las astillas de madera. El que no está mojado comenzará a arder de inmediato. Cuando el agua del segundo se evapora, se encenderá y arderá. No tendrá que seguir abriendo la puerta para agregar más madera de esta manera.

CAPÍTULO UNO
Aves de corral

1. Pollo a la parrilla

ingredientes

- 1 ½ kg de pollo asado (1 pollo asado)
- sal
- pimienta
- 1 cucharada de miel
- 4 cucharadas de salsa de soja
- 1 cucharadita de curry
- 8 chalotes
- 2 bulbos de ajo
- 600 g de patatas pequeñas

- 1 manojo de romero

Pasos de preparación

1.   Lave el pollo, séquelo y sazone con sal y pimienta por dentro. Pon una brocheta. Mezcla la miel, la salsa de soja y el curry y unta el pollo con un cepillo.

2.   Pelar las chalotas y cortar el ajo por la mitad en forma transversal.

3.   Lavar las patatas y cortarlas en gajos. Colocar en un bol para grill con ramitas de romero, sal y pimienta. Asa el pollo y coloca las verduras debajo. Ase a la parrilla durante aproximadamente 1 hora. Revuelva las verduras varias veces.

2. Alitas de pollo a la parrilla

ingredientes

- 1 kg de ala de pollo
- 2 dientes de ajo
- 1 guindilla
- 2 cucharadas de pasta de tomate
- 1 cucharada de miel
- 1 cucharadita de mostaza picante
- 1 cucharada de vinagre balsámico
- 2 cucharadas de jugo de limón
- 1 cucharada de hierbas recién picadas, tomillo y romero
- 4 cucharadas de aceite de oliva
- sal

Pasos de preparación

1.	Lave las alitas de pollo y séquelas. Pelar y picar finamente los dientes de ajo.

2.	Lavar, limpiar y picar finamente la guindilla. Mezclar con ajo, pasta de tomate, miel, mostaza, vinagre balsámico, jugo de limón, hierbas y aceite y sazonar con sal.

3.	Extienda las alas sobre la rejilla de la parrilla y unte con la mezcla de especias. Ase durante unos 20 minutos, volteando de vez en cuando y cepillando la pasta nuevamen

3. Pollo chino

ingredientes

- 1 pollo 1,5 kg
- 2 chalotes
- 3 dientes de ajo
- 2 cm de jengibre
- 2 cucharadas de azúcar
- 100 ml de salsa de soja
- 2 cucharadas de salsa de ostras
- 1 pizca de mezcla de 5 especias
- 3 ramas de hojas de cilantro fresco

Pasos de preparación

1. Lave el pollo, séquelo y córtelo en 8 partes. Pelar las chalotas, pelar el ajo y el

jengibre y cortar todo en cubos muy pequeños. Unir en un bol con el azúcar, la salsa de soja, la salsa de ostras y las especias y mezclar bien, añadir los trozos de pollo y dejar macerar en la nevera durante la noche.

2.	Al día siguiente, escurrir un poco y asar por todos lados en la parrilla caliente durante unos 25 minutos, volteando y cepillando ocasionalmente con la marinada. Adorne con cilantro, sirva en platos y sirva con pan blanco tostado, salsa de soja y salsa de chile si lo desea.

4. Brochetas de pollo a la parrilla

ingredientes

- 500 g de pechuga de pollo o, si lo desea, de cerdo pero también riñones de conejo o cordero
- 1 pimiento rojo
- 1 pimiento verde
- 1 limón sin tratar
- petróleo
- sal
- pimienta del molino
- 8 brochetas

Pasos de preparación

1. Para las brochetas, corte la carne en cubos del tamaño de un bocado: (corte los riñones por la mitad o córtelos en trozos

pequeños, remójelos varias veces en agua dulce y séquelos).

2.   Lavar, limpiar, cortar por la mitad y descorazonar los pimientos, quitar toda la piel interior blanca y cortar en trozos aprox. 2 cm de tamaño.

3.   Lavar el limón con agua caliente, secar frotar, cortar en rodajas y volver a cortarlas en cuartos.

4.   Coloque la carne, el pimentón y los trozos de limón alternativamente en las brochetas y cocine a la parrilla durante aprox. 4-5 minutos, sazone con sal y pimienta.

5. Ensalada griega con pollo

ingredientes

- 1 pepino
- 1 pimiento amarillo
- 1 cebolla morada
- 200 g de tomates cherry
- 100 g de aceitunas negras
- 2 ramas de perejil
- 1 rama de menta
- ½ jugo de limón
- 2 cucharadas de vinagre balsámico oscuro
- 7 cucharadas de aceite de oliva
- sal
- pimienta
- azúcar

- 500 g de filete de pechuga de pollo
- pimentón noble dulce
- tomillo seco
- Orégano seco
- 200 g de queso feta

Pasos de preparación

1. Lavar el pepino, cortarlo en cuartos a lo largo y cortar en trozos pequeños. Lavar, limpiar y picar los pimientos. Pelar la cebolla, cortarla por la mitad y cortar en tiras estrechas. Lava y corta los tomates por la mitad. Escurre las aceitunas. Enjuague el perejil y la menta, agite para secar y retire las hojas. Picar y mezclar con los demás ingredientes de la ensalada.

2. Mezcle el jugo de limón, el vinagre balsámico, 4 cucharadas de aceite, sal, pimienta y azúcar. Sazone el aderezo al gusto.

3. Enjuague la carne, seque y sazone con sal, pimienta, pimentón, tomillo y orégano. Extienda una fina capa del aceite

restante y cocine a la parrilla caliente durante unos 8 minutos, dando vuelta.

4. Coloca la ensalada en una fuente y desmenuza el queso feta encima. Cubrir con la pechuga de pollo a la plancha y servir con el aderezo. El pan blanco fresco va bien con él.

6. Brochetas de pavo a la plancha con salsa

ingredientes

- 600 g de filete de pechuga de pavo
- 1 cucharadita de curry en polvo
- 2 cucharaditas de sambal oelek
- 50 ml de aceite de girasol
- 3 pimientos amarillos
- 600 g de tomates
- 1 pepino
- 3 cebollas rojas
- sal
- pimienta
- 2 cucharadas de aceite de semilla de uva
- 3 cucharadas de vinagre balsámico

Pasos de preparación

1. Lavar la carne, secarla con papel de cocina y cortar en dados. Mezclar los dados de carne en un bol con curry, sambal y aceite de girasol y dejar macerar durante 1 hora.

2. Mientras tanto, lavar, limpiar y picar los pimientos.

3. Precalienta una parrilla. Remoja las brochetas de madera en agua tibia para que no se quemen en la parrilla.

4. Lavar, cortar por la mitad, quitar el corazón y cortar en dados los tomates. Pelar el pepino, cortarlo por la mitad a lo largo, descorazonarlo y cortarlo también en cubos. Colocar la carne en las brochetas de madera alternando con los dados de pimiento. Mezclar los tomates y el pepino en un bol.

5. Pelar las cebollas y cortarlas en aros gruesos. Cocine las brochetas de pavo directamente en la parrilla y las cebollas en una bandeja de aluminio para parrilla durante

10-15 minutos, dándoles la vuelta de vez en cuando.

6.   Mezclar la ensalada de tomate con sal, pimienta, aceite de oliva y vinagre y sazonar al gusto. También sazone las brochetas de pavo con sal y pimienta después de asarlas.

7. Brochetas de pollo con limón

ingredientes

- 1 limón (finamente rallado o picado)
- 2 piezas de filete de pechuga de pollo (cortado en tiras)
- 1/8 l de aceite

preparación

1.   Para las brochetas de pollo con limón, remoje las brochetas en agua para que la carne sea más fácil de bajar después de la cocción.

2.   Ponga aproximadamente 1/8 l de aceite en un bol y mezcle con la ralladura de limón finamente rallada, posiblemente agregue una pizca de salsa de soja. Pinche los filetes de pollo cortados en tiras finas de 2 cm, como un

acordeón, y sumérjalos en la marinada, déjelos reposar en el refrigerador durante al menos media hora, pero también se pueden conservar en el refrigerador durante 2 días, el sabor se vuelve mas intenso.

3. Deje que una sartén se caliente y fríe las brochetas en ella. ¡Finalizado!

4. Alternativamente: ¡Estas brochetas de pollo con limón también funcionan muy bien en la parrilla de carbón!

8. Muslo de pavo ahumado

ingredientes

- 1 muslo de pavo (2 1/2 kg)
- 4 cucharadas de aderezo (mezcla de especias para aves)

preparación

1. Para la pierna de pavo ahumado, primero lave la pierna de pavo, séquela y frótela generosamente con la mezcla de especias.

2. Envuelva en film transparente o cúbralo en el frigorífico durante 24 horas.

3. La pierna de pavo se proporciona con un termómetro para carne y se alcanza a aproximadamente 160 ° C hasta una temperatura central de 80 ° C, se

quema incienso en el ahumador o en la parrilla de gas o hervidor.

9 . Pan gratinado

ingredientes

- 3 uds. Tomates de cóctel
- 8 uds. Alcaparras (del frasco)
- 70 g de mozzarella
- 1 PC. Pan pita
- 80 g de pimientos pimentón brunch
- 4 lonchas de jamón de Parma
- Pimienta (recién molida)

preparación

1. Lava los tomates. Cortar los tomates, las alcaparras y la mozzarella en rodajas.

2. Unte el brunch sobre el pan. Cubrir uno tras otro con tomates, alcaparras

y mozzarella. Gratinar durante aprox. 5 minutos bajo la parrilla caliente del horno. Cubra con jamón y espolvoree con pimienta.

10 . Chuletas a la barbacoa de cerdos de corral

ingredientes

- 2 chuletas de cerdo (cortadas de 2 cm de grosor, de cerdos de corral)
- aceite de oliva
- Pimienta (coloreada, molida gruesa)
- sal

preparación

1.   Frote las chuletas con la mezcla de pimienta molida gruesa, sal y aceite de oliva. Deje macerar durante aproximadamente 1-2 horas.

2.   Si deja marinar la carne por más tiempo, métala en el frigorífico y sáquela de nuevo a su

debido tiempo. La carne debe estar siempre a temperatura ambiente para asar.

3.   Precalienta bien la parrilla y asa las chuletas durante unos 3-4 minutos por ambos lados, dependiendo de su grosor. Las chuletas a la parrilla deben pasar, pero no demasiado secas.

11. Ensalada de tomate con cerdo a la plancha

ingredientes

- 1 cebolla
- 2 dientes de ajo
- 4 cucharadas de aceite de oliva
- 60 ml de jerez
- 2 cucharadas de jugo de limón
- 1 cucharadita de orégano seco
- sal
- pimienta del molino

- 500 g de lomo de cerdo pardo listo para cocinar
- cilantro molido
- 6 tomates

Pasos de preparación

1. Pelar la cebolla y el ajo, cortar la cebolla en tiras y picar finamente el ajo. Sudar juntos en 1 cucharada de aceite en una sartén caliente hasta que estén transparentes. Desglasar con el jerez y el jugo de limón, retirar del fuego, espolvorear con el orégano y sazonar con sal y pimienta.

2. Enjuague la carne, séquela y córtela en rodajas finas de 0,5 cm. Sazone con sal, pimienta y cilantro, rocíe con 2 cucharadas de aceite y cocine por ambos lados en la parrilla caliente durante 3-4 minutos.

3. Lavar los tomates, cortar el tallo y cortar los tomates en rodajas. El diseño en una fuente grande o 4 platos. Extienda la carne encima, rocíe el aderezo con el resto del aceite y déjela

reposar durante unos 10 minutos antes de servir.

12. Brocheta de cerdo a la plancha

ingredientes

- 600 g de cuello de cerdo
- 1 berenjena
- 1 cebolla
- 1 diente de ajo
- sal
- 4 cucharadas de aceite vegetal
- 1 cucharadita de miel
- ½ cucharadita de semillas de alcaravea molidas
- pimienta del molino

Pasos de preparación

1. Enjuague la carne, séquela y córtela en cubos del tamaño de un bocado. Lavar y limpiar la berenjena y también cortarla en trozos. Pelar la cebolla y el ajo. Corta la cebolla transversalmente en rodajas. Poner alternativamente con los cubitos de berenjena y carne en brochetas de metal.

2. Rallar finamente los ajos con un poco de sal, mezclar con el aceite, la miel y las semillas de alcaravea y cepillar alrededor de las brochetas. Sazone con sal y pimienta y ase a la parrilla durante 10-15 minutos, volteando regularmente hasta que se doren.

13. Brochetas de cerdo y verduras a la plancha

ingredientes

- 400 g de cerdo (para escalopes)
- 1 pimiento rojo
- 1 pimiento amarillo
- 1 pimiento verde
- 2 cebollas
- 4 champiñones medianos
- sal
- pimienta del molino
- petróleo

Pasos de preparación

1. Corta la carne en trozos pequeños.

2.   Lavar, limpiar, cortar por la mitad y quitar el corazón de los pimientos, cortar toda la piel blanca interna y también cortar en trozos pequeños.

3.   Pelar la cebolla, cortarla por la mitad a lo largo y cortarla en gajos.

4.   Limpiar y cortar a la mitad o en cuartos los champiñones.

5.   Colocar la carne y las verduras alternativamente en las brochetas, untar con aceite, sazonar con sal y pimienta y asar a la parrilla caliente durante aprox. 8 - 10 minutos, cepillando de vez en cuando con aceite de nuevo y volteando varias veces.

14. Asar a la parrilla en invierno - lavandera a la parrilla

ingredientes

- 1 zanco de cerdo trasero
- 1/2 cebolla
- 1 cucharada de semillas de alcaravea
- 1 hoja de laurel
- 2 ramitas de tomillo
- 6-7 dientes de ajo
- 6 granos de pimienta
- sal
- posiblemente asador

preparación

1.　　Cocine previamente los zancos para el zanco de la parrilla de la parrilla de invierno. Para hacer esto, coloque el zanco en una cacerola con agua caliente; el zanco debe estar completamente cubierto con agua. Condimente con la cebolla entera, las semillas de alcaravea, la hoja de laurel, el thamian , 3 dientes de ajo pelados y cortados por la mitad, los granos de pimienta y mucha sal. Cocine a fuego lento los zancos en esta infusión a fuego lento durante 40 minutos. Retirar, dejar enfriar un poco y cortar la cáscara cada centímetro a lo largo del hueso. Tenga cuidado, solo corte la piel, no la pulpa. La manteca de cerdo los cortes con la restante, en rodajas de ajo y frotar con sal.

2.　　Colocar el zanco en la brocheta y asar a fuego indirecto con la tapa cerrada a aprox. 160 ° C. Al final del tiempo de cocción, agregue más carbón (o aumente la temperatura a 200 ° C) para que la corteza quede crujiente.

15. Barbacoa de invierno - carro de cerdos con calvados y miel

ingredientes

- 4 rebanada (s) de lomo de cerdo
- 1 cucharada de pasta de tomate
- 150 ml de vino tinto (seco)
- 1 cucharadita de miel de bosque
- 2 cucharadas de calvados
- sal
- Pimienta (recién molida)

P reparación

1.   Para el carro de cerdo con calvados y miel, enjuague los trozos de carne con agua

fría y seque. Para la marinada, revuelva la pasta de tomate con un poco de vino tinto.

2.   Mezclar con el resto del vino tinto, miel y calvados y sazonar con sal y pimienta. Coloque las rodajas de zanahoria en un bol, vierta la marinada sobre ellas y mezcle bien.

3.   Cubre el recipiente con film transparente y deja las rodajas cuadradas en remojo durante 1-2 horas en un lugar fresco.

4.   Prepara la parrilla para fuego indirecto. Asa las rodajas de zanahoria marinadas a aprox. 180 ° C.

16. repuesto costillas en barbacoa adobo

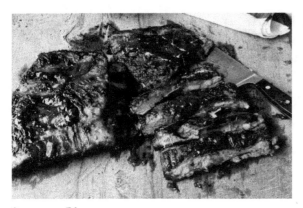

ingredientes

- 1 1/2 kg de costillas de cerdo
- 1 limón (sin tratar)
- 4 dientes de ajo
- 1 guindilla (roja)
- 1 cucharada de cebolla (finamente picada)
- 1 cucharadita de comino (finamente molido)
- 3 cucharadas de salsa de soja
- 6 cucharadas de salsa de tomate
- 1 cucharada de azúcar de caña
- 1 cucharada de miel o jarabe de arce

preparación

1. Para las costillas en adobo BBQ, primero prepare el adobo:

2.   Enjuague el limón con agua caliente y seque. Frote una cucharadita de cáscara y exprima el jugo. Pica finamente los dientes de ajo.

3.   Quitar el tallo de la guindilla, quitar el corazón si es necesario y picar finamente. Mezcle todos los ingredientes en una marinada.

4.   Corta las costillas en un tamaño adecuado para la parrilla y úntalas con la marinada. Déjelo reposar durante al menos 2 horas.

5.   Prepara la parrilla para fuego indirecto. Las costillitas en adobo BBQ se ponen a la parrilla y con calor indirecto y se cierra la tapa alrededor de 1 hora a la parrilla (dependiendo del grosor de la carne).

17. Medallones de cerdo adobados

ingredientes

- 6 medallones de cerdo
- 1 cucharadita de sopa en polvo
- un poco de sal, pimienta y ajo en polvo
- 3-4 cucharadas de aceite de colza

preparación

1. Para los medallones de cerdo marinados, mezcle aceite de colza con sopa en polvo, sal, pimienta y ajo en polvo.

2. Ahora sumerja los medallones de cerdo en la marinada por ambos lados y vierta el resto sobre la carne.

3.   Deje que la marinada se remoje durante al menos 2 horas.

4.   Llevar la carne a temperatura ambiente y freírla en una sartén con un poco de aceite.

5.   Reducir el fuego y desglasar con cuidado con un chorrito de agua. Se sirven los medallones de cerdo adobados .

18. Codillo de cerdo a la plancha

ingredientes

- 2 nudillos de cerdo
- 3 piezas de dientes de ajo
- 1 pizca de romero (picado)
- 0.5 cucharaditas de pimienta (gruesa)
- 0.5 cucharaditas de pimentón en polvo
- 0,5 cucharaditas de sal
- petróleo
- 6 cucharadas de vino tinto
- 3 cucharadas de crema batida (al gusto)
- Cerveza de malta

preparación

1.   Para el codillo de cerdo a la plancha, corta los dientes de ajo en palitos y úsalos sobre la carne. Mezclar las especias con el aceite y el vino tinto.

2.   Regar los zancos y dejar reposar 3 horas con la tapa cerrada. Coloque en la parrilla caliente y cocine a la parrilla durante 1 hora.

3.   Entre tanto, gire hacia el otro lado y cepille con la marinada o rocíe con cerveza de malta. Completar el caldo de carne con nata montada.

19. Costillas de cerdo con salsa seca

ingredientes

- 3 costillas de cerdo (aproximadamente 800-900 g cada una)
- Dry Rub (ver el video de la receta)
- sal
- pimienta

preparación

1. Primero retire la membrana. Frote la carne con el aderezo y déjela reposar durante 30 minutos a temperatura ambiente.

2. Sal y pimienta, luego colocar con el lado del hueso sobre el ahumador preparado: calentar 110-130 ° C, con madera de haya.

3. Fuma durante 5 horas, no pongas la carne demasiado cerca del fuego, cambia de posición más a menudo en el medio.

4. Luego déjelo reposar durante 10 minutos.

5. Sirve las costillas de cerdo.

20. Costillas de cerdo estilo caribeño

ingredientes

- 2 costillas de cerdo
- 50 ml de aceite de cacahuete
- 100 ml de leche de coco
- 3 cucharadas de jugo de piña
- 1/2 cucharadita de jengibre
- 1/2 cucharada de pasta de curry (verde)
- 1/2 barra (s) de hierba de limón
- sal
- pimienta
- Miel (para glasear)
- 1 puñado de albahaca

preparación

1.   Para las costillas caribeñas, enjuague la carne y séquela.

2.   Mezcle una marinada de aceite de maní, leche de coco, hierba de limón, jugo de piña, pasta de curry verde, albahaca y jengibre.

3.   Coloque las costillas en la marinada y déjelas reposar durante unas horas, preferiblemente durante la noche.

CAPÍTULO TRES
Carne de vaca

21. Carne de res asada en un asador

ingredientes

- 200-250 g de ternera (magra)
- 100-120 g de cebolla verde
- aceite de oliva
- 1 cucharada de azúcar
- 2 cucharadas de vino blanco
- 2 cucharadas de salsa de soja
- 2 cebolletas (grandes)
- 3 dedos de ajo
- 1 cucharada de semillas de sésamo (tostadas)

- 2 cucharadas de aceite de sésamo

preparación

1.   Para la carne en brocheta, corte la carne magra en rodajas de 1/2 cm de grosor.

2.   Para que sean más fáciles de cocinar, corte las rodajas de carne unos mm de profundidad y luego corte la carne en tiras de aprox. 7-8 cm de largo y 2 cm de ancho.

3.   Limpiar las cebolletas y cortarlas en trozos un poco más cortos que la carne.

4.   Marina la carne con la salsa de especias y déjala reposar un rato.

5.   Coloque los trozos de carne y cebolla marinados alternativamente en las brochetas y vierta nuevamente la salsa de especias restante sobre las brochetas.

6.   Colocar las brochetas en una sartén caliente aceitada y freír bien ambos lados de la carne. Sirva la carne terminada asada en una brocheta.

22. Bolsillos de ternera llenos

ingredientes

- 400 g de pimiento amarillo (2 pimientos amarillos)
- 2 cebolletas
- 2 cucharaditas de pimiento verde (vaso; escurrido)
- 600 g de filete de rabadilla grande (2 lonchas de filete de rabadilla)
- sal
- pimienta
- 4 cucharaditas de mostaza mediana picante
- 1 cucharada de aceite de colza

Pasos de preparación

1. Cortar por la mitad, quitar el corazón y lavar los pimientos. Coloque en una bandeja

para hornear y cocine a la parrilla debajo de la parrilla caliente durante unos 10 minutos hasta que la piel se oscurezca.

2. Sacar, tapar con un paño de cocina húmedo y dejar reposar durante 10 minutos.

3. Mientras tanto, limpie y lave las cebolletas y córtelas en aros finos. Colocar en un bol pequeño con el pimiento verde.

4. Pelar los pimientos en mitades, cortarlos en tiras y mezclarlos con los aros de cebolleta.

5. Sal y pimienta a los filetes de pezuña. Extienda la mostaza por un lado y luego corte las rodajas por la mitad transversalmente. Unte encima la mezcla de pimiento y cebolla.

6. Doble los trozos de carne en bolsillos y péguelos con palillos de dientes. Cepille con el aceite, coloque en un plato de aluminio y ase en la parrilla caliente durante unos 8-10 minutos por cada lado.

23. Bistec a la plancha con tomate

ingredientes

- 600 g de filete de ternera (4 filetes de ternera de 150 g; p. Ej., Entrecot)
- 2 cucharadas de aceite de oliva
- 2 tomates
- 1 cucharadita de granos de pimienta
- sal marina
- 2 tallos de tomillo

Pasos de preparación

1.   Saque los filetes del refrigerador unos 30 minutos antes de asarlos. Lavar y secar. Unte con aceite y ase en la parrilla caliente durante 2

a 5 minutos por cada lado (según el grosor de la carne y el grado de cocción requerido).

2.   Lave los tomates, córtelos por la mitad y corte el extremo del tallo. Cepille con el aceite restante y coloque la superficie cortada en la parrilla durante 2-3 minutos.

3.   Triturar la pimienta en un mortero y mezclar con la sal marina y el tomillo arrancado. Sazone los filetes a la parrilla y los tomates con la mezcla y sírvalos con mostaza si lo desea.

24. Brochetas de carne de limón

ingredientes

- 400 g de ternera
- 1 diente de ajo
- 1 cucharadita de comino molido
- 1 rama de romero
- 1 pizca de pimienta de cayena
- 1 cucharada de pimentón dulce en polvo
- pimienta
- 1 ½ limones orgánicos
- 6 cucharadas de aceite de oliva
- sal

Pasos de preparación

1.   Para las brochetas, corta la carne en tiras largas o en cubos de aprox. 2 cm de ancho.

2.   Pelar los dientes de ajo, cortarlos en cubos muy finos y colocarlos en un bol. Agrega las especias. Lavar medio limón, secar y frotar la cucaracha. Exprime el jugo de limón y agrega las especias junto con la cáscara. Mezclar la mezcla con 4 cucharadas de aceite de oliva. Mezclar bien la marinada con las tiras de carne y tapar y dejar reposar al menos 2 horas.

3.   Ponga la carne en las brochetas antes de cocinar. Justo antes de cocinar, sazona las brochetas con un poco de sal. Calentar el resto del aceite de oliva en una sartén y freír las brochetas de carne a fuego medio durante unos 4 minutos por todos lados.

4.   Lavar el resto del limón, secar frotar, cortar en gajos y servir con las brochetas.

25. Filete de ternera a la parrilla

ingredientes

- 600 g pieza central de filete de ternera , listo para cocinar
- 4 cucharadas de aceite de oliva
- 1 rama de romero
- 3 dientes de ajo
- gruesa de mar salada
- pimienta del molino

Pasos de preparación

1. Enjuague la carne, séquela y átela con un cordel de cocina. Cepille todo con aceite. Enjuagar el romero, agitar para

secar y pelar los dientes de ajo y presionar ligeramente.

2.   Colocar el filete a la plancha junto con el ajo y el romero a unos 120 ° C y a fuego indirecto y cocer cerrado unos 25 minutos. Dar la vuelta con regularidad para asar la carne uniformemente por todos lados. A continuación, dejar reposar envuelto en aluminio papel de aluminio durante unos 5 minutos. Luego desempaque de nuevo, sazone con sal y pimienta y sirva.

26. Brochetas de ternera y camarones a la parrilla

ingredientes

- 300 g de filete de ternera listo para cocinar
- 300 g de camarones pelados y desvenados
- 1 diente de ajo
- 1 cucharadita de pasta de tomate
- 4 cucharadas de aceite de oliva
- ¼ de cucharadita de chile en polvo
- ½ cucharadita de orégano seco
- sal
- pimienta del molino

Pasos de preparación

1. Calentar la parrilla.

2.　　Lavar la carne, secarla, secarla y cortarla en trozos grandes. Lave también las gambas , séquelas y péguelas alternativamente en brochetas de madera con la carne.

3.　　Para la marinada, pele el ajo, presione en un bol y mezcle con la pasta de tomate, el aceite, la guindilla, el orégano, la sal y la pimienta. Cepille las brochetas con ella y cocine a la parrilla en la parrilla caliente durante 6-8 minutos. Sirva arreglado en bandejas.

27. Pimientos rellenos de ternera

ingredientes

- 10 pimientos (verdes, largos y finos)
- 2 pimientos (rojos)
- 2 pimientos (verdes)
- 5 piezas de hongos shiitake (grandes)
- 150 g de ternera (picada)
- 1/2 cubo de tofu
- 1/2 cucharadita de salsa de soja
- 1 cucharadita de sal
- 1 cebolla tierna
- 4 dedos de ajo
- 1/2 cucharadita de pimienta
- 2 cucharaditas de aceite de sésamo
- 2 huevos

- Harina

preparación

1.   Para los pimientos rellenos, corte los pimientos verdes picantes por la mitad y los pimientos californianos en aprox. Rodajas de 1/2 cm de grosor. Retire el corazón y limpie los champiñones.

2.   Convierta los pimientos y los champiñones preparados en un poco de harina.

3.   Mezclar la carne picada y el tofu colado con las especias.

4.   Rellena los pimientos cortados por la mitad y las rodajas de pimiento de California con esta mezcla.

5.   Empanar los lados rellenos de los pimientos cortados por la mitad en harina y huevo batido y freírlos bien en una sartén con un poco de aceite. Voltee ambos lados de los pimientos rellenos de California y los champiñones en la harina y el huevo y fría hasta que estén dorados.

28. Brochetas a la parrilla con verduras y carne.

ingredientes

- 600 g de filete de ternera listo para cocinar, pelado
- 1 pimiento rojo
- 1 pimiento verde
- 2 cebollas
- 2 latas de mazorcas de maíz
- 4 hojas de salvia
- 6 cucharadas de aceite de oliva
- ½ ramita de tomillo
- sal
- pimienta del molino

Pasos de preparación

1. Lave el filete de ternera, séquelo y córtelo en cubos del tamaño de un bocado.

2. Lave los pimientos, córtelos por la mitad, quíteles el corazón y córtelos en trozos pequeños.

3. Pelar las cebollas y cortarlas en gajos. Corta la mazorca de maíz en cuartos.

4. Ponga todo alternativamente en brochetas grandes de kebab.

5. Picar en trozos grandes las hojas de salvia, mezclar con aceite de oliva y añadir ramitas de tomillo. Vierta sobre las brochetas, frótelas y déjelas marinar tapadas durante aprox. 1 hora.

6. Luego, sal, pimienta y cocine a la parrilla durante unos 10-12 minutos mientras gira.

29. Brochetas de parrilla mixta

ingredientes

- 2 salchichas
- 200 g de ternera
- 200 g de filete de salmón
- 2 cucharadas de jugo de limón
- 1 mazorca de maíz
- 1 calabacín
- ½ pimiento amarillo
- ½ pimiento rojo
- 4 aceitunas verdes rellenas
- 6 cucharadas de aceite de oliva
- 2 ramas de romero
- sal pimienta
- 2 dientes de ajo

Pasos de preparación

1.   Cortar la carne en dados, cortar las salchichas por la mitad. Mezclar el romero picado, el aceite, la sal, la pimienta y el ajo machacado en una marinada y marinar la carne durante 1 hora. Calabacín en trozos, picar el pimentón en trozos grandes. Corta el maíz en trozos grandes.

2.   Retirar la carne de la marinada y colocar en brochetas alternativamente con calabacín y maíz. Cortar el salmón en dados, rociar con jugo de limón y pegar en brochetas con pimentón y aceitunas. Unte con aceite de adobo y ase las brochetas a la parrilla por ambos lados durante unos 15 minutos.

30. Brochetas de salchicha a la plancha

ingredientes

- 500 g de ternera para freír rápidamente
- 6 cucharadas de aceite de oliva
- 1 diente de ajo
- 1 cucharadita de aguja de romero picada
- 1 pimiento amarillo pequeño
- 1 pimiento verde pequeño
- 1 pimiento rojo pequeño
- 1 calabacín pequeño
- sal pimienta
- 8 brochetas de madera

Pasos de preparación

1.   Pelar el ajo, presionar en el aceite, agregar el romero, la sal y la pimienta. Lave la

carne, séquela, córtela en cubos del tamaño de un bocado, colóquela en el aceite de ajo y déjela marinar durante 1 hora mientras le da la vuelta.

2.   Limpiar los pimientos, cortar por la mitad, quitar las semillas, cortar la piel blanca interior y cortar en cuadritos del tamaño de un bocado. Lave y limpie el calabacín y córtelo en aprox. Rodajas de 0,5 cm de grosor.

3.   Retirar la carne del adobo, escurrir y colocar en brochetas de madera alternativamente con las verduras. Unte las verduras con el aceite restante y ase las brochetas en la parrilla caliente durante unos 10 minutos mientras gira.

31. Rollo de salmón relleno a la parrilla

ingredientes

- 600 g de filete de salmón
- Sal marina
- 100 g de jamón (secado al aire)
- 150 g de queso de oveja
- Pimienta (fresca del molino)

preparación

1.   Para el rollo de salmón relleno de la parrilla, deje que el equipo de ventas de NORDSEE corte un filete de salmón fresco,

prácticamente deshuesado, en aprox. Lonchas de 1 cm de grosor y 15 cm de largo (similar a los rollitos de ternera).

2.   Coloque 1-2 lonchas de jamón secas al aire sobre cada loncha de salmón y esparza el queso crema encima.

3.   Enrolle los filetes de salmón y fíjelos con un palillo o átelos con hilo de algodón.

4.   Sazone el exterior de los rollitos de salmón con un poco de sal marina y pimienta recién molida.

5.   Grill los rollos de salmón rellenas en aluminio papel de aluminio durante aproximadamente 18 minutos a no demasiado alto a fuego. Gire con cuidado el rollo de salmón relleno de la parrilla unas cuantas veces.

32. Atún en barra

ingredientes

- 4 piezas de atún (aprox.120 g cada una)
- 100 g de gramos
- sal
- Pimienta (del molino)
- 4 cucharadas de aceite de sésamo
- 2 cucharadas de semillas de sésamo (tostadas)
- 50 g de perejil (picado)
- 100 g de cebolletas (finamente picadas)
- 4 brochetas de madera (regadas)

preparación

1.   Para el atún en palito, primero salar el atún, colocarlo en una brocheta de madera regada y untarlo con aceite de sésamo.

2. Picar los gramos y tostarlos en una sartén. Agregue las cebolletas y ase brevemente. Agrega la pimienta, las semillas de sésamo tostadas y el perejil.

3. Limpiar la parrilla precalentada.

4. Asa rápidamente el atún en el palito alrededor de cada lado, colócalo brevemente en la rejilla para calentar, espolvorea con la mezcla de la copa y déjalo reposar brevemente.

5. Rocíe el atún en un palito con un poco de aceite de sésamo y sirva.

6. MÉTODO DE GRILL: caliente por todas partes, pero solo brevemente

7. TIEMPO DE GRILL: aprox. 2 minutos a aprox. 200 ° C, luego dejar reposar brevemente

33. sardinas a la plancha

ingredientes

- 1 kg de sardinas pequeñas (o anchoas)
- Harina
- Rodajas de limón para decorar
- Para el adobo:
- 1/2 manojo de perejil
- 2 dientes de ajo
- 4 cucharadas de aceite de oliva
- Jugo de medio limón
- sal
- Pimienta (recién molida)

preparación

1.   Corta las sardinas por la panza y quita las entrañas. Enjuague con agua fría y seque con cuidado.

2.   Para la marinada, arrancar las hojas de perejil de los tallos, pelar y picar finamente los dientes de ajo. Mezcle todos los ingredientes en un tazón grande. Introducir el pescado y dejar macerar durante 1 hora aproximadamente.

3.   Retirar las sardinas del adobo y espolvorearlas ligeramente con harina. Ase a la parrilla durante unos 3 minutos por cada lado. Las sardinas a la plancha con rodajas de limón y un plato de pan blanco recién hecho.

34. Besugo a la plancha

ingredientes

- 4 piezas de mar besugo
- 2 piezas de limón
- 3 cucharadas de tomillo
- Mar 4 cucharadas de sal
- 200 ml de aceite de oliva
- 4 cucharadas de pimienta con limón
- Condimento para barbacoa

preparación

1.   Para la brasa de mar besugo, mezclar los ingredientes en un adobo y marinar el besugo durante al menos 30 minutos. Luego coloque el pescado en la parrilla y sazone con una especia BBQ mientras asa.

2.   Asa el pescado hasta que la piel esté crujiente. El besugo a la plancha se sirve un plato y se sirve.

35. Gambas a la plancha

ingredientes

- 16 gambas (sin cáscara)
- 2 calabacines (medianos)
- 4 cucharadas de aceite
- 1 cucharadita de sal
- 1 cucharadita de jugo de limón

preparación

1.   Coloque las colas de cangrejo con las rodajas de calabacines alternativamente en 4

pinchos de madera aceitados. Rocíe con aceite y espolvoree con sal. Ase bajo la parrilla caliente durante 5 a 8 minutos, rocíe con el jugo de un limón.

2.   Traer a la mesa con vino blanco y pan blanco.

3.   20 minutos.

4.   Consejo: los calabacines son un tipo de calabaza y, por lo tanto, son bajos en calorías, ricos en vitaminas y fáciles de digerir, ¡lo ideal para una dieta ligera!

36. Langostinos a la plancha sobre verduras al wok

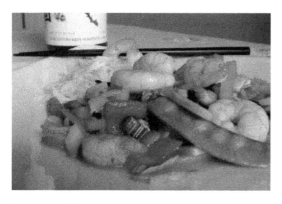

ingredientes

Para las gambas:

- 500 g de gambas (rojas)
- 1 cucharada de aceite de maní
- 2 cucharadas de ajo
- 2 cucharaditas de jengibre (recién picado)
- 4 cebolletas
- 100 g de pimentón (rojo y verde)

Para la salsa:

- 200 ml de pechugas de pollo
- 2 cucharadas de vino de arroz Shaoxing (o vino blanco)
- 3 cucharadas de salsa de soja

- 2 cucharadas de Paradeismark
- 1 cucharada de maicena

preparación

1. Calentar el wok vigorosamente y luego agregar el aceite de maní. Freír el ajo y el jengibre. Agrega los pimientos picados y las cebolletas. Asar todos los ingredientes nuevamente. Vierta la salsa previamente mezclada sobre las verduras. Cortar las gambas por la mitad y quitarles los intestinos. Sazone con sal y pimienta y fría con la carne hacia arriba. Por último, disponer las verduras y colocar encima las gambas fritas.

37. Brochetas de marisco a la plancha

ingredientes

Para las brochetas

- 1 calabacín
- 200 g de filete de salmón listo para cocinar, sin piel
- 200 g de filete de lucioperca listo para cocinar, con piel
- 200 g de camarones listos para cocinar, pelados y desvenados
- 2 limas sin tratar
- 1 cucharadita de granos de pimienta roja
- ½ cucharadita de granos de pimienta negra
- sal marina

- 4 cucharadas de aceite de oliva
- Para el chapuzón
- 500 g
- yogur natural
- pimienta del molino
- azúcar

Pasos de preparación

2.   Lavar y limpiar el calabacín y cortar en rodajas de 1 cm de grosor. Lave el pescado, séquelo y córtelo en cubos del tamaño de un bocado. Lava las gambas. Enjuague las limas con agua caliente, frote la cáscara de una lima y exprima el jugo. Corta la lima restante en rodajas. Triturar los granos de pimienta en un mortero y mezclar con una pizca generosa de sal, el aceite y la mitad del jugo de lima. Colocar los dados de pescado alternativamente con las rodajas de calabacín y las gambas en brochetas de kebab y cubrir con la marinada de lima. Déjelo reposar durante 30 minutos.

3.   Para el dip, mezclar el yogur con el resto del jugo de lima, mezclar con sal, pimienta y

una pizca de azúcar, rellenar en tazones y decorar con la ralladura de lima. Coloque las brochetas junto con las rodajas de limón en una parrilla caliente y cocínelas durante 8-10 minutos, dándoles la vuelta de vez en cuando. Sirve con la salsa.

38. Brocheta de pescado con salsa tarator

ingredientes

- 700 g de filete de pescado firme (espada o atún)
- 1 limón (jugo)
- aceite de oliva
- Pimentón en polvo (dulce noble)
- Sal marina (del molino)
- Pimienta (del molino)
- Hojas de laurel (frescas)

Para la salsa:

- 100 g de nueces (peladas)
- 3 dientes de ajo
- 2 rebanada (s) de pan blanco (sin corteza)
- 150 ml de aceite de oliva

- 1 limón (jugo)
- Sal marina (del molino)
- Pimienta (del molino)

preparación

1.   Cortar el filete de pescado en aprox. Cubitos de 2 cm de grosor y marinar con zumo de limón, aceite de oliva, pimentón en polvo, sal marina y pimienta durante aprox. 1 hora. Luego pegue los trozos de pescado alternativamente con una hoja de laurel cada uno en una brocheta de metal grande o en varias pequeñas. Ase a la parrilla sobre carbón si es posible, de lo contrario freír en una sartén de teflón. Para la salsa, mezcla todos los ingredientes en una batidora para hacer una salsa homogénea. Acomoda las brochetas fritas, sirve la salsa por separado.

39. Salmón alpino a la plancha

ingredientes

- Salmón alpino
- aceite de oliva
- Especias (de tu elección)
- Hierbas (de tu elección)

preparación

1. Para el salmón alpino, lave bien el pescado listo para cocinar y séquelo.

2. Unte el pescado con aceite de oliva y frote el interior y el exterior con las especias que elija. Pon las hierbas de tu preferencia en la panza del pescado.

3. Coloque el pescado en la parrilla y cocine a la parrilla durante unos 7 minutos.

40. Feta mediterráneo en papel de aluminio

ingredientes

- 1 diente (s) de ajo
- 2 cucharadas   de crema
  vegetal Rama Culinesse
- 1 pieza de chalote
- 1 cucharada de piñones
- 6 ramitas de tomillo (alternativamente 1 cucharadita de tomillo seco)
- 5 uds. Aceitunas (sin hueso)
- 1 cucharadita de alcaparras
- 4 piezas de filetes de anchoa
- 20 g de tomates (secados al sol)
- 6 tomates cherry

- 2 piezas de queso feta (150 g cada una)

preparación

1.   Pelar y cortar finamente la chalota y el ajo. Ase los piñones en una sartén sin grasa, a fuego medio hasta que se doren. Picar el tomillo, las aceitunas, las alcaparras, las anchoas, los piñones y los tomates secos y mezclar con las chalotas, el ajo y la crema de verduras.

2.   Lave y corte los tomates cherry. Extienda dos trozos de papel de aluminio y coloque un queso feta en cada uno, extienda las rodajas de tomate y la crema de verduras rama encima. Doble el papel de aluminio en paquetes y colóquelo en la parrilla durante unos 15 minutos.

CAPITULO CINCO
Vegetal

41. Verduras a la plancha con dip de queso fresco de cabra

ingredientes

Para las verduras a la plancha:

- 500 g de espárragos (verdes)
- 1 pieza de calabacín
- 1 berenjena
- 2 cebollas (rojas)
- 1 PC. Pimentón (rojo)
- 1 diente (s) de ajo
- Tomillo (fresco)

- aceite de oliva
- sal
- pimienta

Para el dip de queso de cabra fresco:

- 1 taza de Chavroux (con finas hierbas)
- 1/2 taza de yogur
- 2 cucharadas de crema agria
- 1 trozo de limón
- sal

preparación

1. Para las verduras a la plancha, corta la berenjena en aprox. Rodajas de 1 cm de grosor y condimentar con sal.

2. Corta el calabacín a lo largo en rodajas.

3. Pelar la mitad inferior de los espárragos verdes y cortar los extremos secos.

4. Pelar y cortar las cebollas en cuartos.

5. Ahueca el pimiento rojo y córtalo en tiras anchas.

6. En un tazón grande, mezcle un adobo de aceite de oliva, ajo finamente picado, tomillo desmenuzado, sal y pimienta.

7. Sacude las verduras y colócalas en la parrilla.

8. Mientras tanto, para la salsa de queso de cabra fresco, mezcle el Chavroux con finas hierbas, el yogur y la crema agria en un bol.

9. Sazone al gusto con un poco de jugo de limón y sal.

10. Sirve como salsa con verduras asadas.

42. Pechuga de pollo con ajonjolí

ingredientes

- 30 g de sésamo pelado (3 cucharadas)
- 720 g de filete de pechuga de pollo (4 filetes de pechuga de pollo)
- 3 g de jengibre (1 pieza)
- 1 guindilla roja
- 1 lima orgánica
- 4 cucharadas de salsa de soja
- 2 cucharaditas de miel
- 1 cucharada de aceite de colza
- 3 cucharadas de salsa de ostras

Pasos de preparación

1.   Ase las semillas de sésamo en una sartén hasta que estén doradas. Ponlo en un plato.

2. Lave los filetes de pechuga de pollo y séquelos con papel de cocina.

3. Pelar el jengibre y picarlo finamente. Cortar el chile por la mitad a lo largo, descorazonarlo y picarlo finamente.

4. Lavar la lima con agua caliente, secarla y rallar finamente la mitad de la cáscara. Corta por la mitad y exprime la lima.

5. Batir el jengibre, la guindilla, la ralladura de lima, la salsa de soja, la miel, el aceite y la salsa de ostras en un bol.

6. Deje que la sartén para grill se caliente. Unte los filetes de pechuga de pollo con la salsa de chile y miel, colóquelos en la sartén y cocine a la parrilla durante unos 12 minutos, dando vuelta varias veces y untando con la salsa.

7. Espolvoree los filetes de pechuga de pollo con semillas de sésamo y rocíe con jugo de limón al gusto.

43. Solomillo de ternera relleno de verduras

ingredientes

- 4 filetes de ternera (cada uno de unos 5 cm de altura)
- 1/2 manojo de perejil
- 2 zanahorias (o verduras de su elección)
- 1 nabo amarillo (o verdura de su elección)
- 1/4 bulbo de apio (o verduras de su elección)
- 1 cucharada de aceite
- Vinagre balsámico
- sal
- Pimienta
- 8-12 rebanada (s) de tocino

preparación

1.   Para el filete de ternera relleno de verduras, corte con cuidado un bolsillo a través de los filetes de ternera.

2.   Lavar y picar finamente el perejil. Limpiar las verduras, cortarlas finamente con una cortadora de verduras, si es necesario, freírlas en una sartén con aceite durante unos minutos, añadir perejil picado, desglasar con un poco de vinagre balsámico y sazonar con sal y pimienta.

3.   Vierta las verduras en los bolsillos de los filetes, envuelva los filetes con tiras de tocino, átelos con un partidor si es necesario, para que el tocino se mantenga bien.

4.   Prepare la parrilla para asar directamente a la parrilla a fuego alto.

5.   Sazone las superficies cortadas de los filetes con sal y pimienta y luego áselos a la parrilla a fuego directo durante aproximadamente 3 minutos por cada lado.

6.   El solomillo de ternera relleno de verduras después de asarlo a la parrilla

envuelto en papel de aluminio deja reposar 5 minutos.

44. Ratatouille de verduras asadas

ingredientes

- 3 pimientos (rojo, amarillo y verde)
- 1 calabacín
- 1 berenjena
- 1 cebolla
- sal
- pimienta
- aceite de oliva
- 1 lata (s) de tomates (en jugo, aprox.850 g)
- Vinagre balsámico
- 1 pizca de azucar
- Romero
- tomillo

- sabio

preparación

1.   Para el pisto de las verduras a la plancha, primero pele el pimentón crudo, retire el corazón y córtelo en trozos. Cortar el calabacín en rodajas, pelar la berenjena y la cebolla y cortar en rodajas. Salpimentar todas las verduras, rociar con un poco de aceite de oliva, asar por ambos lados.

2.   Reducir los tomates con sal, pimienta, vinagre balsámico y un poco de azúcar. Colar los tomates, mezclar con las verduras asadas y volver a calentar brevemente. Sazone el pisto de las verduras asadas con romero picado, tomillo y salvia.

45. Langostinos a la plancha sobre verduras al wok

ingredientes

Para las gambas:

- 500 g de gambas (rojas)
- 1 cucharada de aceite de maní
- 2 cucharadas de ajo
- 2 cucharaditas de jengibre (recién picado)
- 4 cebolletas
- 100 g de pimentón (rojo y verde)

Para la salsa:

- 200 ml de pechugas de pollo
- 2 cucharadas de vino de arroz Shaoxing (o vino blanco)
- 3 cucharadas de salsa de soja

- 2 cucharadas de Paradeismark
- 1 cucharada de maicena

preparación

1. Calentar el wok vigorosamente y luego agregar el aceite de maní. Freír el ajo y el jengibre. Agrega los pimientos picados y las cebolletas. Asar todos los ingredientes nuevamente. Vierta la salsa previamente mezclada sobre las verduras. Cortar las gambas por la mitad y quitarles los intestinos. Sazone con sal y pimienta y fría con la carne hacia arriba. Por último, disponer las verduras y colocar encima las gambas fritas.

46. Filete con verduras a la plancha

ingredientes

- 2 filetes de ternera (250 g cada uno)
- 1 cucharadita de tomillo
- 1 cucharadita de semillas de cilantro (molidas)
- 1 cucharadita de hojuelas de chile
- 1 cucharadita de comino (molido)
- 1 cucharadita de ajo en polvo
- 1 cucharadita de azúcar (morena)
- 1 cucharadita de sal
- Aceite de oliva (para cepillar)

Para las verduras a la plancha:

- 1 berenjena

- 1 calabacín
- 1 pimiento
- 2 tomates (cortados a la mitad)
- 3 cucharadas de aceite de oliva
- 2 cucharadas de vinagre balsámico
- 1 cucharadita de tomillo (seco)
- 1 cucharadita de romero (seco)
- 1 cucharadita de miel

preparación

2. Primero corta las verduras en trozos gruesos y mézclalas con el resto de los ingredientes.

3. Dorar por ambos lados durante 4 a 6 minutos, colocar tibio en una taza para parrilla en el borde de la parrilla.

4. Saque el bistec del refrigerador al menos 15 minutos antes de asarlo a la parrilla; debe estar a temperatura ambiente.

5. Justo antes de asar, salar la carne por ambos lados.

6. Mezcle los ingredientes restantes en seco y enrolle el bistec en ellos.

7. Dorar los filetes en la parrilla caliente a fuego directo durante aproximadamente 1 1/2 minutos por cada lado (para un filete medio frito).

8. Cepille la carne con un poco de aceite de oliva mientras asa, luego déjela reposar en el borde de la parrilla durante 3-4 minutos.

9. Sirve los filetes con las verduras asadas y la salsa BBQ picante.

47. Mazorca de maíz a la plancha

ingredientes

- 4 mazorcas de maíz
- 2 cucharadas de mantequilla
- sal
- pimienta
- Rodajas de limón

preparación

1. Limpiar la mazorca de maíz y cocinar en agua sin sal durante unos 2 minutos. Luego enjuague con agua fría corriente y seque con papel de cocina.

2. Rocíe todos los frascos con mantequilla clarificada y colóquelos en la parrilla

caliente. Como deben tener un color marrón dorado uniforme, debes darles la vuelta un poco una y otra vez.

3.   Solo agregue sal y pimienta a la mazorca de maíz después de asar a la parrilla y sirva con rodajas de limón.

Sándwich de cheesesteak caliente 48.

ingredientes

- 2 baguettes (20 cm de largo)
- 300 g de rabadilla de ternera
- 2 cebollas
- 1 pimiento (rojo)
- 20 aros de jalapeño (incrustados del vidrio)
- 200 gramos de queso cheddar
- 6 cucharadas de salsa tártara
- Sal al gusto)
- Pimienta al gusto)
- 2 cucharadas de aceite de girasol
- 1/2 cucharadita de comino

preparación

1.   Cortar la cebolla en aros y el pimiento morrón en tiritas. Tuesta ligeramente en aceite de girasol mientras agregas el comino. Sal y pimienta para probar.

2.   Salar la carne y asarla por ambos lados y cocinar a fuego indirecto a 140 ° C hasta alcanzar una temperatura interna de 50 ° C.

3.   Corta la carne en tiras finas.

4.   Corta la baguette horizontalmente.

5.   Coloque las cebollas y los pimientos en la parte inferior, vierta 3 cucharadas de salsa tártara encima y coloque la carne en capas encima.

6.   Coloca el queso en rodajas sobre la carne y decora con jalapeños.

7.   Colocar en el horno o en el grill (¡calor indirecto!) Durante 10 minutos a 180 ° C.

49. Verduras de hinojo a la plancha

ingredientes

- 3 tubérculos de hinojo
- 3 tomates
- 1 diente de ajo
- 4 ramitas de tomillo
- 3 cucharadas de aceite de oliva
- un poco de jugo de limon
- sal

preparación

1. Lavar los bulbos de hinojo y los tomates y cortar en rodajas finas. Deja las hojas de hinojo a un lado. También corta el diente de ajo en rodajas finas. Mezclar el aceite de oliva con

un poco de jugo de limón, ajo y sal en un bol. Pon las verduras en la marinada.

2. Corta 4 hojas de papel de aluminio . Extienda la mezcla de hinojo y tomate sobre los trozos de papel de aluminio y coloque una ramita de tomillo encima de cada uno.

3. Dobla el papel aluminio y coloca los paquetes de verduras en la parrilla. Cocine las verduras hasta que estén blandas.

4. Retirar del papel de aluminio y colocar en platos.

50. Filete de canguro

ingredientes

- 4 filetes de canguro (aproximadamente 200 g cada uno)
- 2 cucharadas de pimienta (verde, de la salmuera)
- Aceite de lima
- Sal marina (gruesa)
- 2 chalotes (finamente picados)
- 100 g de granos de maíz
- 100 g de tocino (finamente picado)
- 8 ramitas de tomillo (finamente picado)
- 100 ml de leche de coco
- 1 pizca de azúcar (morena)

• 1 cucharada de coco desecado

preparación

1. Para el filete de canguro, primero sazone los filetes de canguro con sal marina gruesa y remoje en la leche de coco durante 2-3 horas.

2. Retirar, asar directamente en la parrilla caliente durante 2 minutos por cada lado, luego asar en la zona indirecta a una temperatura central de 58 ° C.Rocir con aceite de lima, espolvorear con buena pimienta de su elección y dejar que se empape en el papel de aluminio.

3. Caliente una sartén de hierro fundido en la olla de cocción lateral. Asar los dados de tocino (la grasa se freirá), asar las chalotas y añadir los granos de elote. Revuelva todo, sal, pimienta, vierta la marinada de coco, agregue el tomillo y sazone con una pizca de azúcar morena. Deje hervir a fuego lento brevemente. Esparcir el coco desecado encima y espolvorear con los granos de pimienta verde de la salmuera. Los filetes de canguro se cortan en rodajas y se sirven sobre las verduras. Las

rodajas de camote a la parrilla son suficientes como guarnición.

CONCLUSIÓN

Cada vez que cocine a la parrilla, debe tomar una decisión importante sobre el tipo de leña a utilizar. La carne de res, cerdo, aves y mariscos tienen diferentes sabores dependiendo de la madera. También es cierto que determinadas maderas están asociadas y complementan tipos específicos de carne.

Muchos de los mejores expertos en barbacoas guardan silencio cuando se trata de revelar sus secretos exactos porque asar a la parrilla o ahumar con leña es una parte muy importante de su repertorio. Todo, desde el tipo de madera que utilizan hasta sus propias recetas de salsa, hasta cómo sazonan la carne antes de asar a la parrilla, pueden convertirse en armas secretas en su búsqueda por mantenerse en la cima del mundo de las barbacoas.

1

Lightning Source UK Ltd.
Milton Keynes UK
UKHW020654020421
381422UK00001B/43